어머니 나라

이 도서의 국립중앙도서관 출판시도서목록(CIP)은 e-CIP 홈페이지
(http://www.nl.go.kr/cip.php)에서 이용하실 수 있습니다.
(CIP 제어번호 : CIP2011001881)

화남의 시집 030
어머니 나라

2011년 5월 2일 초판 1쇄 찍음
2011년 5월 8일 초판 1쇄 펴냄

지은이 | 최기종
펴낸이 | 방남수
편집주간 | 이승철
편집위원 | 김영현 홍일선 이재무
편집 · 디자인 | 현정 오경은

등록 | 제2-1831호(1994. 9. 26.)
주소 | (110-320) 서울 종로구 낙원동 58-1 종로오피스텔 513호
전화 | (02)3142-4787 팩스 | (02)3142-4784
전자우편 | hwanambang@hanmail.net

ISBN 978-89-6203-068-6 03810

값 9,000원

어머니 나라

최기종 시집

화남의 시집 030

화남

■

시인의 말

어머니가 세상을 뜨신 지 한 해가 흘렀습니다.

어머니 돌아가시고 빈자리가 너무 컸습니다. 밥을 먹어도 양치를 해도 용변을 봐도 불쑥 어머니가 튀어 나오고 길을 가도 차를 타도 꿈자리에서도 어머니가 보였습니다. 어머니의 목소리가 귀를 후비고 어머니의 닳고 해진 손이 느껴졌습니다.

속담에 부모가 죽으면 산에 묻는다고 했는데 그게 아니었습니다. 어머니는 내 가슴에서 살아계셨습니다. 이 못난 아들에게 몸이란 몸, 마음이란 마음, 있는 것 없는 것 다 주고서 심지어 시가 되어서 이 가슴에 살아 계셨던 것입니다.

내 가슴이 어머니 시의 밭이었습니다. 어머니란 씨앗이 하나하나 발아되어서 뿌리를 내리고 잎을 틔웠습니다.

이런 어머니들을 하나씩 꺼내서 70여 편의 시를 썼습니다. 이젠 죄의 무게가 한결 가벼워진 것 같습니다. 얼마나 다행인지 모릅니다. 이 시집을 세상의 어머니들께 그리고 모든 아들딸들에게 바칩니다.

2011년 봄날, 나무나루에서

최기종

【차 례】

제2부 _ 해당화 어머니

제3부 _ 날아가는 것은 모두 당신이었다

제4부 _ 새암 하나

제1부
밥 먹어라

씨

깊은 바닷속이
외롭고 곤궁해서
얼굴 디민 호기심이
일냈다.

갓난 태양이
네 발로 아침을 기다가
두 발로 중천을 살다가
세 발로 황혼을 그리다가
시퍼런 수평선에 걸어 놓은
봄날의 몽유

어머니 생각

부모가 죽으면 산에 묻고
자식이 죽으면 가슴에 묻는다지만
우리 어머니 이 가슴에 사신다.
길을 가다가도
밥을 먹다가도
불쑥 튀어 나오는 어머니
차조심하라고 불조심하라고
찬찬히 꼭꼭 씹어 먹으라고
몇 번이고 신신당부하는 어머니
우리 어머니 이 가슴에 살아 계신다.
배 아파서 낳아 주시고 길러 주시고
이제는 목숨까지 내주신 어머니
당신의 몸이란 몸 다 주고서야
당신의 마음이란 마음 다 주고서야
허풍선이 허물 한 장으로 가신 어머니
우리 어머니 이 가슴에 살아 계신다.
있는 것 없는 것 다 주어서
당신은 내가 되었고

나는 당신이 되었으니
내가 당신이고 당신이 나이고
봄이 되면 복사꽃 피어나듯이
해마다 해당화로 피어난다고
우리 어머니 이 가슴에서 재롱부린다.

밥 먹어라

어머니
밥상 차려 놓고
밥 먹어라
잠자는 아들의 이불 들치면서
밥 먹어라
마실 나간 아들
밥 먹인다고 고무신 질질 끌고서
팽나무거리고 동고티고 큰메고 구슬아짐 댁이고
아그들 노는 소리 따라와서는
밥 먹어라
놀이에 팔린 아들의 뒷덜미 끌고서라도
기어이 밥을 먹였지.
밥이 보약이고 기쁨이라고
하루 세 끼 밥 챙겨 주었지.

밥 먹어라
어머니가 가장 많이 했던 말
하루의 시작이요 끝이었던 말

그 옛날 어머니 동구에서
밥 먹으라고
애가 타게 아들 부르던 소리
그 노랫소리 따라 가는데 문득
여보, 밥 잡수시오.
아내가 등 뒤에서 붙잡는다.

약손

어머니
아들놈 횟배 앓으면
아픈 배 슬슬 쓰다듬었다.
그렇게 한 시진만 문지르면
아들놈 깊은 잠에 빠져 들었다.
그렇게 천 번 만 번 만져주면
방정 떨던 회충이 꽁무니 뺐고
아픔도 불안도 짜증도 사라졌다.
슬슬 쓰다듬던 손이
신들린 듯이 횟배 안팎을 오가면서
환부도 씻어내고 통증도 감싸주고
그 손으로 한밤을 밝혀 빛을 내면
아들놈
아침에 벌떡 일어나서
배고프다고 왜장쳐 댔다.

어머니 지금도
아들놈 배 아프다고 하면
대바늘 내려놓고 약손부터 내민다.

군불 때기

어느 날 엄니가 통성냥을 주면서
내 방에 군불을 때라고 한다.
이거야 누워서 떡먹기라고
짚가리에서 짚단 끌어다가
아궁이에 불씨 살려서
짚푸락 한줌씩 집어넣었더니
그놈, 활활 잘도 탄다.
화기가 가랑이까지 미쳐서 뒤로
물러서서 부지깽이로 불을 넣었다.
콧노래 부르면서 그렇게 잘도 지피고 있는데
돌아온 엄니, 화들짝 놀라서 하는 말
아니 군불 때라니까 밥 짓는구나
그렇게 지피면 구들장이 내외한당
사내 자석*이 문전만 어지럽혀서야

* '자식'을 뜻하는 사투리.

탯줄

장롱 속 깊숙이
빛바랜 한지에 쌓여
시커멓게 말라붙은 것
손으로 잡으니 짜릿했지.

어미로부터 잘리면서
두려움을 느꼈을까
손가락 빨아대면서
눈물겨운 식탐을 해댔지.

청년에 들면서
외로움을 알았을까
잃어버린 동심 찾아서
살풀이 몽정만 해댔지.

중년이 되어서
샛바람에 휘었을까
모천으로 가는 길
애달프고 더디기만 한데

노년의 어머니
회귀 자기장 부렸을까
바람도 불지 않았는데
나뭇가지 흔들리는구나.

변비에 대한 추억

노모, 화장실 들락거려도
사나흘 넘게 변을 못 봤지
변기에 앉아서 끙끙거리지만
그게, 끈덕지게 사리고만 있는 거야
뒤가 꽉 막혀서 아뿔싸
그놈의 번뇌 때문에
음석까지 끊었지 뭐야

노모, 허시는 말씀
뒤 보는 게 이젠 큰일이라고
애를 낳아도 이러지는 않았다고
이놈 비우지 못하면
살아도 못 산다고
죽을 동 살 동 용을 쓰는디
하늘의 잔별만 늘어나는 거야

관장을 해도 맛사지를 해도
그게, 막힌 하수도처럼 역반하는 거야

더 이상 놓아두면 큰일 난다고
군내 나는 것들 눈을 주고
맨손으로 파냈지 뭐야
금덩이 다루듯이 캐내는디
그새 기별이 갔는지 부르르르
막힌 똥줄이 터지는 거야

얼시구 노다지 나온다고
그놈의 향기도 좋다고
추임새를 넣었더니
노모, 허시는 말씀
야 이놈아, 니 똥은 달디달았어

사내 되기

툇마루 제일선에 서서
돌아온 장고처럼
날렵하게 총을 뽑았다.
어머니
'저 짚시락물 떨어지는 자리를 넘어서야 사내니라.'
사내가 되기 위하여
총부리에 힘주어서 내리 쏘았다.
전방을 향하여 오줌발이 내달린다.
따 다다다다다
예전엔 토방에서 질질거리던 것이
이젠 짚시락물 자리를 넘본다.
어머니
'됐다. 조금만 더 크면 사내 되겠구나.'
'밥 잘 먹고 많이 뛰어 놀아라'

어머니 얼굴

근심이라고 할까
어머니 얼굴에 진드기처럼 붙어사는 게 있다.
이놈들 부정하며 잡아내고 잡아내어도
해가 갈수록 늘어나는 주근깨 검버짐 같은 것

수심이라고 할까
어머니 얼굴에 구름만 잔뜩 끼어 있다.
그 옛날 복사꽃 환한 모습 어디로 가고
날이 갈수록 하늘빛 검붉어지는구나.

걱정이라고 할까
어머니 얼굴에 고랑지고 구부러진 글씨가 있다.
평생을 강물이 되어서 바닥이 되어서
골이 패이고 닳고 해진 흑백사진처럼

뼈 아픔이라고 할까
어머니 얼굴에 뼛골 앙상한 세월의 흔적이 있다.
언제까지나 새봄으로 옥답으로 알았는데
풍화된 어머니, 차마 볼 수 없어서 회초리를 들어야 했다.

어머니, 걱정 하나로 사신다

어머니
걱정 하나로 사신다.
세상이 잘 되어도 걱정이오
못 되어도 걱정이다.
해가 좋으면 좋아서 걱정
날이 흐리면 흐려서 걱정
자식 걱정, 지아비 걱정, 친정아비 걱정
큰집 걱정, 작은집 걱정, 이웃집 걱정
농사 걱정, 살림 걱정, 나라 걱정
간장독 걱정, 빨래 걱정, 짐승 걱정
날이면 날마다 혀 차는 소리
밤이면 밤마다 뒤척이는 소리

어머니
걱정이 태산처럼 쌓여서
신간 편할 날이 거의 없으시다.
걱정이 팔자처럼 늘어져서
오는 공덕 하나도 없다.

가는 공덕만 티끌처럼 쌓인다.
그 많은 걱정이
세상의 기도가 되어서
눈물도 단비가 되게 하는구나
그 많은 걱정이
살얼음판을 걸어서
신간 편할 세상 만드는구나

어머니
걱정 하나로 사시니까
세상의 신수가 훤하시구나

미역귀

엄니가 건넨
미역귀 하나가
그날의 장난감이었다.
이제 막 앞니가 난
어린 나에게
그것은 씹히지 않는 심줄이었다.
먹어도 먹어도 닳지 않는 귀물이었다.
엄니는 들에 나가고
혼자서 집을 지켜도
무섭지도 따분하지도 않게 하던 주전부리
씹으면 씹을수록 깊어지는 호기심
입속을 감아도는 엄니 그것처럼
짭조름한 바다 내음새
연산호, 말미잘, 흰동가리 춤추고
아랫도리 뿌듯하게 하는 맛
내 몸 깊숙이 허기를 채워주고
기다림을 끈기를 내어주며 그 맛
질기도록 한나절을 동행했던 길동무였다.

베틀 방에서

어두침침한 방안
들기름, 치자 냄새
베틀 치는 소리
철컥철컥 덜컹덜컹
엄니는 온종일
밀린 삼베를 짜시고
아기는 포대기 차내면서
잉아 소리만 들었었지.
씨실처럼 이어지는
타령조 읊조림 들으면서
처음으로 알몸을 뒤집었지.

낙상 1

거기 누구 없어요?
거기 누구 없어요?
아무리 불러도 대답이 없다.

여긴 너무 추워요.
여긴 너무 눈부셔요.
아무리 울어도 반응이 없다.

다시 돌아가고 싶어요.
다시 시작하고 싶어요.
아무리 애원해도 동아줄은 없었다.

혼자라는 것이
시퍼렇게 아파서
넘치도록 식탐을 부렸다.

낙상 2

다리 밑으로 떨어진 핏덩이
생이별이 서러워서
발버둥치며 첫울음 터트렸지
내내 그리운 누군가에게
붉으디붉은 신호음만 보냈었지

집 나오면 고생이라고
꿈결처럼 낯익은 위로
붉은 목소리가 다가왔지
배냇저고리 입혀주고
기저귀 채워주던 그 손길이
복받치는 서러움 덮혀 주었지

떨어진다는 것은
춥고 배고프고 서러운 것이지만
눈도 주고 입도 주고 품도 주는 거라고
두려운 다리 밑에서 누군가
안아주고 먹여주고 입혀주고
왔던 길 휘돌아 갔었지

아버지 냄새

사내는 말이야
자고로 냄새가 있어야 하지
땀내도 나고 입내도 나고
방귀도 '펑펑' 쏴야 사내지
이런 아버지 지론을 들으면
어떻든 냄새가 나야 사내고 아버지다.
장날 얼굴이 불콰해서 돌아온 아버지
어쩌다 트림이라도 할 것 같으면
하수도 냄새가 나서 얼굴을 돌려야 했다.
엉덩이 살짝 들고 '뿌웅' 가죽피리라도 불 것 같으면
와, 구려서 '비상' 이라고 코를 잡고 뱅뱅 돌아야 했다.
담뱃내에다 머릿내에다 땀내에다 발 고랑내에다
마늘내에다 젓갈내에다 홍어내에다 생선 비린내까지
오만 상것들이 합이 되어서 감아오는 아버지 냄새
어쩌다 나들이라도 갈 때는
동백기름, 스킨로션, 비누내도 나고
논일 갔다 들며는 풀내도 개흙내도 바람내도 나는데
견통에 걸린 아버지 어깨라도 주무르다 보면

와, 내 거시기에서 문득 터지는 방귀소리
나도 사내라고 면목 없다.

아버지의 키

내 어렸을 때
아버지가 주었던 에비오제
키 크는 약이라고 다섯 알씩 세어 주었던
그 에비오제는 언제나 장롱 위에 있었다.
우러러 보이고 드높았던 그곳
아버지의 키를 탐내면서
고개 아프게도 바라만 보았던
내 어렸을 때 발돋움이여

고드름

겨울밤이었다.
아비가 따온 고드름
양푼에 가지런히 담긴
눈물의 크리스탈
아비도 엄니도 나도 동상도
하나씩 입에 물고 깨물었다.
올해는 틀림없이 풍년이 든다고
이가 시리도록 으득으득 씹었다.

와혈에서

우주에서 날아온 씨앗
그리운 詩가 된다고
와혈*에 내려앉아
깊이 뿌리를 내리고
몸을 만들기 시작했지.

심장을 달고
척추를 세우고
팔다리 몸통을 늘이며
詩 트는 소리에 기뻐하고 분노하면서
온종일 양수에서 유영했지.

빛도 바람도 들지 않는
그 와혈에서 우주를 닮은
그리운 詩로 태어난다고
새소리도 물소리도 바람소리도 들으며
오직 당신만을 기다렸지.

* 풍수에서 명당자리를 말함, 소쿠리나 새의 둥지 형상임.

삼층탑

친정 나들이 간다고
엄니는 연지분 바르고
갓난 동생 들쳐 업고
한 손에 내 손을 잡고
또 한 손엔 이바지를 들었지
꽃무늬 포대기 속에서
하얀 모자가 옹알거리고
가지런한 쪽머리가
푸른 하늘을 이고 있었지

제2부

해당화 어머니

어머니

어머니란 말에는
치료약이 들어 있어.
어머니!
이렇게 부르면
고향의 흙냄새가 나지.
어머니!
이렇게 외치면
추위나 굶주림이 없어지고
어머니!
이렇게 이를 악다물면
환부의 통증이 사라지지.

어머니란 말이
가슴에 가득 들어 있어.
돌부리에 걸렸을 때도
아이구 어머니!
슬퍼서 눈물바람 할 때도
아이구 어머니!

귀한 물건 잃었을 때도
생각이 반짝 떠오를 때도
아이구 어머니!
헛배를 꾹꾹 누르기만 해도
어머니란 말이 튀어나와.

어머니란 말을
우리 얼마나 불렀을까?
입술을 떠난 '어머니' 들은
세상의 산소가 되었을까?
어머니 소리를 내면
이해의 혼돈이 맑아지고
어머니 소리만 들어도
머무는 자리 훈훈해지지.
코끼리 무덤처럼 아늑한
어머니 어머니 우리 어머니
불러도 불러도 솟아 나오는
어린애가 되게 하는 생명수

고고呱呱*

낯선 바닥에 떨어진 똘씨
한 생애가 와락 덤벼들어서
발버둥치며 첫울음 울었지

* 갓난아기의 첫울음소리.

만삭

보름달처럼 차올라서
이젠 떨어지는 일만 남았다.
가만히 건드려도 빅뱅하는
익을 대로 익은 사랑이여
이젠 죽어서 태어나는 일만 남았다.
신새벽 어둠에 발질하면서
옥문을 부수고 옹골지게 울고지고
이젠 태양을 도는 일만 남았다.

재회

요람에 누워서
손발을 놀리면서 너를 기다린다.
방실방실 배냇짓 하면서 너를 기다린다.

손가락 입에 넣고 코를 벌렁거리며
감각운동으로 너를 기다린다.
발가숭이 그대로 너를 기다린다.

낯선 미소가 다가왔다.
다가오는 눈빛이 미소가 따뜻했다.
따뜻한 얼굴이 눈빛이 미소가 좋았다.

우리 아기, 젖 먹을래?
아! 이 소리, 낯익은 소리다.
고대하던 너가 틀림없어

놀놀놀놀 요요요요
안아 줘서 좋고 놀아 줘서 즐겁다.
네 품이 아늑하여 스르릉 잠에 빠진다.

해산

새벽녘
닭 울기 전
엄니, 배 아프다고
큰 힘을 쓰신다.

볏짚 깔아 놓고
이불뭉치 지대고
광목 끈 매달아 잡고
죽어라고 버티신다.

쌍심지 켜시고
발광하듯 용쓰시는 엄니
토담집 봉창 아래
호롱불도 숨죽이는
태초의 어둠이 열리기 직전

동편 하늘 샛별이 뜨면
할머니 등초롱 들고

사립짝 들어오신다.
미역가닥 옆에 끼고서
새끼 금줄에 눈이 박히신다.

오해

이렇게 오해가 되었다.
너에게 추방당해서
낭떠러지로 굴러 떨어져서
낯선 별에 불시착했다고

틀림없는 오해일 거다.
줄곧 태교한다고 낮게 속삭여 주고
새소리도 물소리도 바람소리도 들려주고
모짜르트며 비발디며 인디 음악도 들려주었는데
이렇게 벌거숭이로 내몰지는 않았을 거다.

그런데 이처럼 불편하게 밀어낸 이유
몸도 되고 날개도 달았으니
이제 사바세상 혼자 가라는 것일까
아니면 좁은 문 좋이 열렸다고
아랫녘으로 소풍 보낸 것일까

소용돌이치는 한복판에서

발버둥거리며 첫울음 울었다.
사막의 아침이 너무 추워서
빛살에 눈이 쪼여서
목이 쉬도록 서럽도록
광분의 너를 부르고 또 불렀다.

옛날 세배길

꼭두새벽에
엄니, 쪽머리 틀고
내 볼 잡아 깨우면
닭울음소리
멀리서 가까이서 이어졌지.

떡국 먹으러 큰집 간다고
설빔 차려 입고 나선
옛날 세배 길을
어둑서니가 막아섰지.

아비는 등롱으로 길 내고
엄니는 동생 안아 들고
언 눈 뽀드득 뽀드득
소리내며 가던 눈길

지금도 눈 내리고
별들은 총총한데

등롱 없어서
못 간다는
그 길을

섬

팽나무 그늘 아래서 엄니가 섬 하나 만들어 주었습니다. 사금파리로 동그랗게 금을 그리고 그게 섬이라며 금 밖으로 나오면 안 된다고 당부하고 아랫녘으로 목화 따러 갔습니다. 칙칙한 나뭇잎 사이로 햇빛이 들고 참매미 소리 따갑게 들리는 섬이었습니다. 바다가 허옇게 물밀어 왔지만 동그란 금을 넘보지 못했습니다. 금줄도 없고 솟대도 없었지만 백상아리도 물개도 되돌아갔습니다.

그런데 섬에서의 하루는 너무 길었습니다. 둘레길 빙빙 돌아보고 흙장난도 하고 땅벌레와 놀아도 보아도 이놈의 해는 중천에서 내려올 줄 몰랐습니다. 너무 심심해서 그냥 바다로 나가고 싶었습니다. 엄니는 바다가 위험한 곳이라며 사랑도 떼어놓고 미움만 부채질한다고 절대로 나가지 말라고 당부했지만 바다는 콧노래로 섬이란 것은 언젠가는 넘어야 할 금이라며 청치맛자락 펄럭이며 손짓했습니다.

몸이 답답하고 끼여서 바다로 나가고 싶었습니다. 기다림은 목화솜처럼 가벼웠습니다. 넘어서는 안 될 선이 있다지만 언젠가는 벗어야 할 금이 있어서 나쁜 어린이가 되기로 했습니다. 바다가 와락 덤벼들었습니다. 바닷물이 눈물 나게 하고 숨이 턱턱 막혔습니다. 그래도 허우적거리며 손짓, 발짓 다했더니 내 몸이 수면 위로 떠올랐습니다. 저쪽 엄니의 섬이 조그맣게 보였습니다. 고샅길 지나서 아랫녘으로 헤엄쳐 갔습니다. 목화를 따던 엄니가 하얗게 웃었습니다.

세발자전거

나 태어나서
처음으로 갖고 싶었던 것은
빨간 세발자전거였다.
무덤 속에서 잠자고 있다가
햇빛 창창한 날이면 나온다는
그 세발자전거를 갖고 싶었다.

큰집 형이 탔던 세발자전거도
도굴꾼에게 쌀 한 가마 주고 산 것이었다.
도굴꾼이 고무덤을 지나다가 주워 왔다고 했다.
큰집 형은 날마다 그것을 타고 앞마당을 돌았다.
발판을 데굴데굴 굴리면 경쾌한 쇳소리가 났는데
그 소리는 내 꿈자리에서도 파고들었다.

도굴꾼은
무덤 속에 들어 있는 것들도 꺼낸다고 했다.
'조상님, 침 한 방 놓겠습니다.' 이러면서
기다란 꼬챙이로 무덤의 이곳저곳 찌르면

그 침을 맞고서 지르는 신음소리를 알아서
그것들을 파내어 동네에다 판다고 했다.

어미는 세발자전거 말만 꺼내도
만세 부르며 쌀 한 되도 없다고 했다.
어느 날 아비는 세발자전거 대신에
소나무 뿌리로 목마를 만들어 주었다.
하지만 내 속에는 빨간 세발자전거뿐이었다.
햇빛 창창한 날의 그것들이
눈 맑은 도굴꾼을 기다리고 있었던 것이다.

겨울밤 2

참댓살문에 눈 붐비는 밤이었다.
아비 어미 등잔불에 심지 돋우고 화투판을 벌였다.
밤참내기 한다고 울목에 요 깔아 놓고 화투장 두들겼다.
우리도 솜이불 속에서 머리만 내밀고 응원군이 되었다.
동생은 아비, 나는 어미를
이기라고 박수 치거나 짠해 할 때
흑사리 홍사리 국진이 뛰고
매화 사쿠라 목단이 피어났다.
아비 어미 600점 서로 먼저 낸다고
대포로 때리면 시카로 막고
용코로 나려면 칠띠로 응수하고
송동월 일이삼이 춤추고
비조리 빠이 홍단 청단 구사가 달렸다.
초지붕에서는 고드름이 자라는 밤이었다.
우리의 기다림도 하얗게 익어갔다.
아비는 패가 막혀서 쩔쩔맸고
어미는 어서 치라고 재촉했고
아비 불통거리며 내리는 족족

어미 복사꽃 피워내며 가져갔다.
그렇게 화투판이 끝나면
아비는 밤참 내온다고
굵은 눈발 속으로 나섰다.
군고구마가 올까 동치미가 올까
아니면 쫄깃쫄깃한 수리미가 올까
눈 초롱이며 기다리던 그런 밤이었다.

어머니의 밥상

첫닭이 울면
어머니 어김없이 일어나서
무슨 전투에나 가는 듯이
주섬주섬 옷 껴입고 목도리 하고
밥 하러 나가셨지.
아그들 늦지 않게 학교 보낸다고
캄캄한 정지에서 재를 내고
불씨 살려서 물 끓이고
밥 안치고 반찬 장만하셨지.

방 걸레도 땡땡 언 강치였지.
우리는 이불 뒤집어쓰고
어머니의 도마 치는 소리
솥댕게 여닫는 소리
물 뜨고 붓는 소리
사기그릇 포개는 소리
밥 끓는 소리 들으면서
아침밥상을 기다렸지.

어머니 언 손으로
김나는 밥상 내올 때
찬거리가 이리저리 미끄럼 탔지.

학교 가기 싫은 날

눈이 펑펑 쏟아져서
학교 가기 싫었지.
엄니가 챙겨주는 가방 메고
사립문 나섰지만
눈 붊비고 손 시리고
발이 무릎까지 빠져서
뜨뜻한 아랫목만 생각났지.
담장까지 내려온 하늘이
이마를 찌푸리고 있었지.

새암 푸는 날

음력 칠월 칠석
새암 푸는 날이 있었다.
참외, 수박, 토마토로 성주상 보아 놓고
동리 어른 너댓이 새암물 다 퍼내고
새암 속으로 들어가서
모래며 잡동사니 꺼내는데
거기서 놋그릇도 또아리도 나오고
고무신도 만년필도 부룻치도 나오고
팽이며 구슬이며 백동전까지 나왔다.
어른들 그렇게 새암 속 소제하고
물바닥에 참숯 깔아 놓고는
물구멍 슬슬 건들어서는
암반수 펑펑 솟게 했다.

장롱 속에서

숨바꼭질하다가
어머니 장롱에 깊이 들면
고요하던 장롱 속에는
파닥거리는 내 숨소리만 가득했다.
홀씨 날리듯
장롱 구석구석 퍼지는 살아있음이여
이상한 일이었다.
장롱 속에서 수초가 길게 자라고
휜동가리들이 헤엄쳐 다녔다.
나 태어나기 전처럼
아늑하고 향그로운 어머니의 혈에서
톱니바퀴 돌아가는 소리를 들었다.

자취

학창시절에
사과궤짝 둘 포개 놓고는
거기에 그릇 넣고 반찬 넣고
혼자서 밥해 먹었다.
어머니는 김치며 자반이며 나물이며 싸들고
버스 세 번 갈아타고
또 얼마를 걸어서 오신다.
만면에 웃음꽃 피우면서
고깃국도 끓여 놓고
조기 엮걸이도 걸어 놓고는
아비 밥상 내야 한다고 그냥 가신다.
아버지도 쌀자루 들쳐 메고
버스 세 번 갈아타고
또 얼마를 걸어서 오신다.
굵은 땀방울 훔치면서
이까짓 쌀자루 정도야 끄떡없다고
이제 서너 달은 든든할 거라며
너털웃음 지으시다가
논일해야 한다고 그냥 가신다.

아버지

어릴 적 아버지는 벽오동을 닮았다.
우리 집 울안에 그늘을 드리운 나무
넓죽넓죽한 푸른 손 이파리며
하늘로 우뚝 솟은 큰 키를 보면
저절로 마음이 콩알만 해졌다.

아버지, 굵은 팔뚝으로
무쇠솥도 쌀가마니도 번쩍 들어 올리고
툇마루도 돼지막사도 얼른 뚝딱 지어내고
어쩌다 번쩍 목마를 태워주실 때는
천정까지 닿아서 오금이 저렸다.

가끔 아버지 없는 집을 그렸다.
아버지, 단단한 가슴을 보면
한밤중이 두렵지 않으면서도
꿈자리가 사나웠다.
뜨개질에 여념이 없는 어머니
아버지 조금만 뒤척여도 뒤돌아보니

그런 어느 날 아버지가 농약 치다가 쓰러지셨다.
농약중독이라고 구정물 먹이고
토를 내고 어른들이 야단났을 때
나는 속으로 괜찮다고 하면서도
돈 잃었다고 마실 나갔다고
혼내던 아버지가 생각나서
눈물을 쏟았다.

아버지는 하나도 잘못이 없는데
내가 아버지를 저렇게 만들었다고
하늘님께 빌었다.

아날로그 아버지

아버지는 핸드폰 사용이 미숙해서
문자나 번호 서비스 사용은 물론
전화 거는 것도 버거워하시고
겨우 전화만 받을 정도다.
그것도 밧데리 충전을 하지 않았거나
확인 버튼을 누르지 않아서
불통일 때가 많다.
전자밥솥, 전자렌지도 ON버튼 하나만 사용하시고
에어컨도 보일러도 고장날까봐 잘 틀지 않는다.

아버지 한창일 때
손으로 하는 일 최고였다.
평상도 놓고 흙집도 짓고
삽질도 써레질도 잘 하고
시계 밥도 짐승 밥도 제때 주었고
필체도 좋고 회계도 잘 했는데
이놈의 버튼이 나오고
앉아서 명령만 내리다 보니

자꾸 버벅거리고 불편해 하신다.

손으로 발로 하는 일이라면
그까짓 것 몸으로 때우는 일이라면
땀 찍찍 흘리고 근력을 키우면서
지치고 피곤해도 한세상 재미지겠는데
이놈의 손가락으로 삑삑 누르다 보니
모두가 쥔장이고 십장이고
해님 돌리는 일꾼들 다 어디로 가고
게으름뱅이 세상이 되어버렸다고 투덜거리며
핸드폰 걸거나 받는 법 아무리 연습해도
며칠만 지나면 전화가 불통이었다.

출상

선산 입구 삼거리에서
큰아비의 행렬이 멈췄다.
만장들이 펄럭이며 길을 내고
눈 맑은 영정이 앞장섰는데
꽃상여 상두꾼들이 제자리걸음이다.
노잣돈이 새끼줄에 닥지닥지 걸렸는데
상주들의 곡소리가 적다고
어허이 어허이
종잡이 앞소리꾼이가 못 가겠단다.
상주들의 애고지고 소리 높아지고
동리사람들도 눈물을 훔친다.
우리 큰아비
곱게도 꽃상여 타고
깨춤 추며 간다는데
아득한 들길을 건너서
언덕바지며 개골창이며
어허 넘자 너어머허
스물 네 발로 간다는데

인자 가면 은제 오냐고
종잡이 앞소리꾼이 못 가겠단다.
저 무덤 앞이 황토라며
어허이 어허이
꽃상여 상두꾼들이 제자리걸음이다.

해당화 어머니

해당화는 붉은 어머니를 닮았다.
그것은 가끔 어머니 경대 속에서 피어났다.
그것은 방물장수의 커다란 보따리 속에서도
구경나온 당봉리 새각시들의 웃음 속에서도 피어났다.
어머니 다홍치마 속에서 놀다보면
세상천지가 온통 해당화로 보였다.
어머니 자주 불렀던 노래
'섬마을 선생님' 에서도 순정의 해당화가 피어났고
그 느린 곡조까지도 어머니를 닮았다.

어머니는 붉은 해당화를 닮았다.
어머니 새벽부터 도마를 치시며
아침 해를 맞이하고 보내셨다.
우리 열병에 걸렸을 때도
가뭄에 논배미 갈라졌을 때도
이 집 저 집 돈 꾸러 다닐 때에도
해당화로 붉게 피어나던 어머니
우리의 발바닥이 되고 가슴이 되었던 어머니

그 시린 아픔까지도 해당화를 닮았다.

늙으신 어머니
고기반찬 보아도 옥색 한복 사드려도
손사래치며 거절하던 어머니
평생 부엌데기 자청하며
편한 삶을 버려서 해당화를 닮았다.
끝까지 그 길을 가면서도
그 족적 하나 남기지 않은 어머니
당신 모든 것들 주고 또 주어서
붉으디붉게 피어나는 해당화
그것이 바로 위대한 우리였음을
오늘에사 나는 알았다.

3부
날아가는 것은 모두 당신이었다

사별

끈 떨어진 연처럼
한세상이 꺼지는 것이다.
한세상이 생겨나는 것이다.

임종

병상에서 어머니
새로 태어나고 계셨다.
동쪽으로 머리를 두시고
쪽머리 곱게 단장하시고
껍질에서 깨어나려고
참꽃 되려고 몸살하고 계셨다.

꽃잎 지는 오후였다.
아직도 창문 너머
봄꿈이 푸르른데
어머니는 이제
탄생의 환희를 염려하는지
호흡이 가팔라지면서
지독한 산고를 견디고 계셨다.

아브라함이 이삭을 낳고
이삭이 야곱을 낳고
야곱이 유다를 낳고

연줄이 연줄을 낳고
이제 어머니는
푸른 하늘을 보면서
당신의 당신을 낳고 계셨다.

물거품처럼 어머니가
새로 태어나고 계셨다.
눈에 밟히며 꾸르륵 거리는
소화불량처럼
뱃속에서 도무지 나오지 않는
당신의 당신이
아주 천천히 연줄을 끊어내고 계셨다.

임종사

어머니의 가쁜
숨소리 병실에 가득하다.
혼수상태에서 정오를 넘겼다.

아침에
어머니는 아내더러
사람도 아니라고 했다.
그럼 뭐냐니까
하늘에서 내려온 천사라고 했다.
가끔 헛것이 보이는지
천정에서 돛배를 보시고
바닥에서 풀밭을 보셨다.
그러다가 숨이 가빠지고
의식을 잃고 한나절을 보낸 것이다.

아내는 이제 임종이 가깝다고 했다.
어머니의 숨결이
점차 얕아지면서

눈을 허옇게 뜨신다.
풀린 동공이었지만
아내 쪽을 보신다.
아내는 부리나케
묵주를 쥐어 주면서
— 어머니, 이것 놓지 마시고
— 하나님을 부르세요. 네?
— 이 세상은 잊어버리고
— 걱정일랑 하지 마시고
— 하나님 나라에 가셔서
— 마음 편히 사쇼

어머니의 눈이
스르르 감기면서
풍선 바람 빠지듯이
날숨도 꺼져간다.
아내는 떨리는 손으로
쪽문을 닫았다.

그 집

어머니, 병실에서
집에 가야 한다고
이른 아침부터
이불 짐을 싸시더니
그 공功으로 그 집에 가셨는지요.

해 다 갔으니
빨래도 걷고
대문도 걸어야 한다고
손가방 챙기시더니
그 사이 그 집에 가셨는지요.

아직 치료 받아야 한다고
그 짐 풀어서
제자리 돌려놓으면 또
그 짐 다시 만들어 내시더니 그것
맺고 맺어서 그 집으로 가셨는지요.

이제 다 나았다고
얼른 집에 가셔서
아버님 조반 지어야 한다고
눈 화장하고 나서더니
평생 그리시던 소원 이루셨는지요.

어머니,
이불 짐도 손가방도 장신구도
피도 눈물도 사랑도 다 버리시고
미풍에 허허 날아 가셨는지요.
그 집에서 어여쁘게 초승달로 돋아나는지요.

배탈

어머님 떠나보낼 때
꽃잎 지는 날, 어머님
푸른 하늘 쳐다보시고
거짓말처럼 먼 길 가실 때
'식솔들은 모두 잘 지내니까 걱정 마시고
마음 푹 놓고 천주님께 가시라' 고
큰 웃음으로 배웅했는데
어머님 떠나지 않고
내 안에서 꾸르륵거린다.
못 다 버린 짐이라도 남았는지
못 다 푼 매듭이라도 있었는지
무거운 배탈이 되어서
위장을 헤집고 다니신다.
화장실에 다녀와도
소화제를 넣어 들여도
남의 애를 건드리며 농성하신다.

하얀 집

꿈속에서 어머니를 찾았다.
밤이 이슥하도록 돌아오지 않는 당신을 찾아서
소반재로 조산밭으로 팽나무거리로 모정으로 돌았고
윗집, 아랫집, 큰집, 작은집, 종갓집에도 가 보았으나
어머니는 어디에도 없었다.
아버지가 토정비결을 건넸다.
눈이 흐려서 그런지
5월의 운세가 가물거린다.
아버지는 돋보기를 벗으면서
서쪽으로 귀인을 찾아가라고 한다.
숨겨진 벽장문을 고향집에서 찾았다.
누구도 나들지 않은 문이었다.
사람이고 동물이고 통하게 하는 문이었다.
그림자처럼 문턱을 넘어서니
검둥개가 정지에서 새끼를 낳고 있었다.
무슨 잔치가 벌어지는지 사람들이 붐빈다.
모두 흰옷을 입었다.
머리에 새끼줄을 두르고 발걸음이 느리다.

작년에 돌아가신 큰아버지를 만났다.
어머니의 행방을 물었더니
어머니가 많이 아파서 지금
요양원에 계신다며 북쪽을 가리켰다.
하얀집이었다.
대문간에 들어서니
서당골 이모 내외가 반긴다.
어머니가 백혈병에다 합병증까지 겹쳐서
조용히 호스피스 한다며
어서 들어가라고 한다.
무겁게 방문을 열었다.
그런데 어머니가 활짝 웃으며 반긴다.
병이 깊어 위독하다던데
얼굴에 화색이 돌고 거동이 자유롭다.
너무 고마워서 엎드려 절 두 번 했다.
그런데 머리를 들었더니
어머니가 보이지 않는다.
깜짝 놀라서

주위를 둘러보았지만
백열등 불빛만 하얗다.

날아가는 것은 모두 당신이었다

새는 날아서
서쪽으로 멀어져서
천중에서 외롭게 한 점이 된다.

당신, 새가 되어서
도솔천 너머로 간다지만
당신의 내음새, 웃음, 목소리는 아직 여기 있어
이목구비 어디든지 당신이 튀어 나오고
말씨에도 숨결에도 살결에도 당신이 느껴지고
위에서도 장에서도 혈관에서도 당신이 움직거린다.

당신, 안식을 찾아서
이승과 저승 사이 날아다니지만
하룻밤 지새울 둥지 하나 마련해 주지 못한다.
그렇게 보내지 못하는 정리定離로
날파리 하나 손바닥으로 잡았더니
그게 바로 당신이었다.

날아가는 것은 모두 당신이었다.

왕십리의 비

십 리를 발병으로 간
그대의 발자국에는
홀몸이고 싶지 않은 나의
뒤척임이 잠겨 있다.

저쪽
어둠의 골목에 까지
그대의 발자국을 밟아나가며
고인 물에 더해지는 비의
끈질긴 울먹임을 위안하며
웃어본다.

웃어 보는 만큼 커지는
빈 항아리를 부여안고
바라보는 허공
다져오는 장막의 그늘 아래
해당화로 피어날 멍울이여.

장롱

전주공원묘지에 어머니 모시고
집으로 돌아오니
야광패 팔각 자개농이 비척거린다.
어머니 시집 와서 목단꽃 화알짝 피워내던
송학이 날고 공작이 춤추던 십장생 장롱이
반백이 넘어서 할일 다했다며 시무룩하다.

새각시 시절 살림살이 늘인다고
두꺼운 솜이불도 받아주고 반짇고리, 자부동이며
베개도 포개주고
내복이며 속옷이며 치마, 저고리, 버선까지
차곡차곡 개어주고
장신구도 나들이 옷가지도 철따라 챙겨주던 장롱이
이젠 포화상태 되어 허리끈 풀어놓고 허덕인다.

당신 살아생전 위로가 되어서
매운 시집살이 눈물 닦아주고 등 밀어주고
동반이 되어서 부끄럼도 내밀함도 숨겨주고

가난도 부귀도 낙담도 욕망도 담아주고
날이면 날마다 눈으로 손으로 쓰다듬고 닦아 주었는데

이젠 우러러 보이던 그 키도 작아지고
세상살이 담아내던 몸집도 줄어들고
늘어진 고무줄처럼 생기도 촉기도 없어져서
묵은 짐짝 들인 듯 먼지만 쌓였는데
거기 금은붙이 찾아서
깊숙이 헤집고 들어가니
내 어머니, 반백의 냄새 풍긴다.

환시

돌아가신 어머니
방 가운데 앉아 계시다.
옥색 한복 입고 곱게도 앉아 계시다.
이젠 여기 사람 아니니까
어서 돌아가라고 해도
여기가 당신 집이라고
끄떡도 않으신다.
반갑고 고맙지만 이젠
저기 세상 가야 한다고
애원해 봐도 눈을 부라려도
그대로 앉아 계시다.
이러니 허물할 수 없어서
오늘은 밤이 이슥하니
주무시고 내일 가시라고
잠자리 보아 드렸더니
모로 누워 잠이 드신다.
나도 그 곁에 모로 누워서
이 얼마만인가

이렇게 아들과 자리하는 게
어머니 소원이었던 모양이다.

그 문을 열면

그 문을 열면
하얗게 분내 풍기는 그리움으로
어머니 와락 달려오신다.
어서 일어나라고
밥 먹으라고
그 아련한 소리가
내 아침을 깨운다.

그 문을 열면
연산호 촉수처럼 부드럽게
언 몸 녹여 주던 따뜻함으로
안아주고 어르고 달래주던 어머니
그 젖무덤이 내 얼굴을 짓누른다.

그 문을 열면
걱정거리 이고 지고
살얼음 걷던 어머니
아픈 아이 들쳐 업고

병원 십리길을 달음박질친다.

그 문을 열면
미역귀 입에 물려주고
살코기 씹어 주던 어머니
가슴에도 겨드랑이에도 목울대에도
이목구비 어디에도 그 문은 있었지만
살아생전 그 문은 많았지만

이제 하나 남은
그 문을 열면
깊숙이 들어가면
다리 뻗고 누울 자리도 생기고
돌아갈 집도 생기는
그 문을 열면
방물장수 아줌마가 보따리 풀고
당촌리 새각시들 함박웃음 짓는다.

청둥오리

청둥오리 뒤뚱뒤뚱
날아서 어디로 가나

저 산 너머 바다 건너
어머니 계신 곳으로 가나

보고 싶어도 볼 수 없는 어머니
가고 싶어도 갈 수 없는 나라

청둥오리 뒤뚱뒤뚱
무리 지어 어디로 가나

늦은 봄

어머니 산소에서 늦은 봄을 보았다.
바위 그늘 깊숙이 들어 있다가
이제야 기지개를 켜고 있는 봄
쌍떡잎 아이가 걸어갈 채비를 한다.
다른 봄들은 이미 저만큼 가고 있는데
이제야 껍질을 깨고 나온 어머니
늦은 봄이 새 길을 나서고 있었다.

어머니 맛

젓가락으로 고사리나물 집다가
미끈 밥상머리에 흘렸다.
어머니도 밥알 흘리고
나물이며 생선찜도 흘렸지.
오줌도 똥도 웃음도 흘리고
육신까지 흘리고 가신 어머니
귀한 고사리 흘렸다고 핀잔한다.

보릿고개 겪을 때 어머니
고사리 취나물 뜯어서 나물죽 내셨는데
그것 흘렸다고 나 꿀밤 맞았지.
음석 흘리면 죄로 간다고
다 주워 먹으라고
손도 빠르고 눈도 빨랐던 어머니
팔순이 다 되어서
밥알도 주워 먹고
나물이며 생선찜도 주워 먹고
오줌도 똥도 웃음도 주워 먹고

끝내 주검까지 주워 먹고 가셨을까?

이제 나도 어머니처럼
흘린 것 주워 먹는 게 버릇이 되어서
젓가락 고추 세워서 그 고사리 집으려니
이게 이리 밀리고 저리 밀리고
잡았다가 또 흘리는데
그것 입에 넣고 질근질근 씹었더니
아, 이 맛 눈물 난다.

어머니 나라

어머니 그 나라로 가십니다. 옥색 치마저고리 차려 입고 소반재를 넘어 가십니다. 일 년 사시장철 새 울고 꽃 좋고 여름 하는 곳 감탕나무 자라고 황금원숭이도 뛰어 놀겠지요. 세상의 어머니들 거기서는 눈도 귀도 밝아지고 무릎병도 없어지고 센머리도 검어지겠지요. 그래서 세상의 어머니들 있는 것 없는 것 다 내어주고 허물만 남아서 가십니까 있는 것 없는 것 다 버려서 깃털처럼 가볍게 가십니까

어머니 그 나라로 가십니다. 극락강 꽃배 타시고 어이 가라고 손짓하면서 가십니다. 초록바다에 연산호 피어나고 자리돔 유영하는 곳 고깃배 만선으로 드나들고 노랑부리새도 날겠지요. 세상의 어머니들 거기서는 아픔도 슬픔도 씻어지고 산해진미 드시면서 춤도 추시겠지요. 거기서 어머니들 마음 편히 쉬시다가 가슴에 맺힌 얼얼 모두 풀리면 이 세상으로 다시 오시는 겁니까 순풍에 돛 달고 세상의 아들들 보려고 바로 오십니까

어머니는 그 나라로 가셨습니다. 이역말리 머나먼 길 비바람 되어서 차마 그치지 못하고 가셨습니다. 어머니 간도 쓸개도 목숨까지 내어주고 연기처럼 가셨습니다. 이 아들이 얼마나 벅찼으면 뒤도 돌아보지 않고 훨훨 날아 가셨습니까 이 아들이 얼마나 짠했으면 몸 만들고 마음 만들어서 다시 오신다고 합니까 눈을 감고 백 번이고 천 번이고 당신을 부르면 어머니 버선발로 곱게도 나오십니다. 어머니는 지금 그 나라에 계십니다.

북천가

바람이 불어요.
이제 뿌리겠어요.
샛강 건너 산 너머 북천北天으로
귀촉도 가슴앓이 병
생살 빼시던 소원
오늘 뿌리겠어요.
여기 타고 남은 재가
당신 평생 전부이오니
그리 아시고 고이 가시옵소서.

발병으로 오시던 길
내내 발돋움만 하시더니
내내 몸살만 하시더니
이제 강 건너 묵정밭 너머로
당신을 뿌리겠어요.
푸른 연기 피우면서
이 바람타고 가시라고
하얀 입김으로 뿌리겠어요.

저기 어둠의 샛강 건너
당신은 당신 아니면서 당신으로
소맷자락 건들다가 그냥 가십니다.
당신이 버리신 웃음들이
풀잎 되어 서걱거리고
당신 손으로 잡히는 것
한숨으로 세찬 바람에
허허 뿌리옵니다.

가시려면 오시지나 말지
오시려면 가시지나 말지
이 무딘 손가락에 잡히는 촉감
어찌 하라고
발빠지는 샛강 나루터
가시려면 가져가십시오.
이놈의 허연 웃음
노자 대신 가지고 가십시오.

아! 가십니다.
당신은 당신이고
이놈은 이놈이고
샛강 건너 휘돌면서
흙을 말아 가십니다.
당신은 목 긴 바람
잠깐 스쳐 간 바람입니다.
조금 있다 올 바람입니다.

제4부
새암 하나

46병동에는 햇살이 잘 든다

46병동에 가면
금빛으로 은빛으로 햇살이 잘 든다.
창이란 창마다 여명이 찾아들고
물밀듯이 햇살이 밀려오면
병인들의 주름살이 펴지고 손발이 살아나고
말문이 열리고
침상 밑에 숨었던 걱정거리까지 사라진다.

46병동에 가면
사막의 오아시스를 볼 수 있다.
맑은 샘물이 솟아나오고
풀과 나무들이 자라고
타조가 춤추고 낙타가 되새김질하는
46병동에 가면
신기루처럼 사막의 오아시스가 저만큼 펼쳐진다.

46병동에 가면 뜨거운 모래밭에
급한 발자국들이 동으로 서로 흐르고

풀잎에 맺힌 이슬방울이 영롱하다.
아픔이 깊어져 희망이 샘솟고
눈물이 깊어져 웃음이 피어나는
46병동에 가면
아침이슬이 맑은 산소가 된다.

46병동에 가면
거룩한 전쟁을 볼 수 있다.
죽느냐 사느냐 하는 싸움도
함께 사는 길 찾으면 싱거워진다고
육신을 괴롭히고 침범하는 불청객도
밥을 주고 술을 주어서 보낸다는
46병동에 가면
하얀 결빙이 정신을 맑게 한다.

46병동에 가면
몸 깊은 곳에서 선악의 꽃이 피어난다.
세상에서 가장 아름다운 연산호 군락지

밤이면 밤마다 물을 주고 양분을 주어서
수지맨드라미 나풀나풀 춤추게 하는
46병동에 가면
목숨까지 나누는 영혼의 오아시스가 보인다.

새암 하나

내 살던 고향집에
새암 하나
깨금발로 들여다보면
거기 흰구름 흘러가고
까까머리 얼굴도 비칩니다.

내 살던 고향집에
새암 하나
두레박 길게 내려서
별도 달도 잎새도 뜨고
찰방찰방 물비늘 소리도 퍼 올립니다.

내 살던 고향집에
새암 하나
양동이 가득 공복을 채우면
목화송이 하얗게 피어나고
어머니, 토담길 건너오십니다.

내 살던 고향집에
새암 하나
가뭄 들어도 퍼내고 퍼내도
마르지 않는 그리움 하나
또아리 틀고 기다립니다.

샌다는 것은

빵꾸 난 자전거 끌고서
십 리 길 털털거리면서 자전차포로 갈 때
나뭇가지 끝에서 태양이 눈부셨지.

우는 아이 달래려고
고무풍선을 힘차게 불었다가 놓으면
차오른 숨이
공중을 빙빙 돌다가 맨땅에 쳐 박혔지.

수도가 새고 천정이 새고
보일러가 터졌어도
아내는 땜쟁이가 고쳐줄 거라며
반복되는 생활의 끈을 놓지 않았지.

요실금 어머니,
밤 내내 참샘골 논배미 물꼬 터졌다고
혀를 끌끌 차시며
돌아누운 아버지만 나무래셨지.

샌다는 것은
어린애처럼 보채는 것이고
뚫어지도록 관심 가지도록 하는 것이다.

행복지수

밥만 먹어도 행복한 때가 있었다.
네 소원이 무엇이냐고 물으면
하루 세 끼 밥 먹는 거라고
검정고무신 얻어 신는 거라고
뭐 생각하고 재고할 것 없이
소박하게 행복했던 때가 있었다.

마당귀에 무쇠솥 걸어 놓고
보릿대, 솔가리 불 때서
솥뚜껑 활짝 열어 제치면
무럭무럭 솟아나던 하얀 행복
엄니 주걱에서 보석처럼 빛나던
쌀밥의 향취, 뜨거움, 설레임
이런 밥 때문에 행복했던 때가 있었다.

설날이 몇 밤 남았다고 이제
새 옷 입고 고기반찬 먹는다고
열손가락 꼽아가며 기다리던 간절함도

소풍날도 어린이날도 생일도
새암 푸는 날도 콩 볶아 먹는 날도
가슴 설레이며 기다렸는데
이런 작은 만족이 행복이었다.

행복은 채우거나 쌓는 것이 아니었다.
저 높은 곳, 하늘의 별들만 좇다 보면
허기 같은 욕망만 깊어질 뿐이었다.
행복은 풀과 나무와 짐승과 곡식을 깨우는 바람처럼
맨 땅에서 구하거나 기다리는 것이었다.
그 옛날처럼 눈빛이 맑아지면
세 끼 밥을 소원했던 행복이 찾아왔다.

절

절은 강물처럼 몸을 낮추는 것이다.
몸을 구부려 밑바닥에 이마를 대는 것이다.
마음을 구부려 저절로 공경하도록 하는 것이다.

절은 몸을 씻는 것이다.
땅속 정화수 끌어내어 오욕칠정 잠재우고
이슬처럼 영롱하게 최초의 마음이 되게 하는 것이다.

절은 직선이 아니라 느린 곡선이다.
옛길처럼 구부러지고 끊어졌다가 이어지면서
산벽을 돌아가고 강물을 따라 바다로 흐르듯이
실타래 술술 풀어서 헐벗은 몸을 감아주는 것이다.

절은 각별하게 용서를 구하는 것이다.
짐이 되고 욕이 되고 식생이 되어서 미안하다고
눈을 주고 입을 주고 귀를 주어서 고맙다고
땅이 되어서 강이 되어서 보답하는 것이다.

눈을 감으면

눈을 감으면 그대, 금새 다가와서 속눈썹 깜빡인다. 산이 막히고 물이 막히고 생사가 갈려도 망막에 아로새겨 화알짝 웃고 있는 것을

눈을 감으면 밤하늘 향연처럼 별들이 반짝인다. 고향집 평상에 누워 별을 쫓던 아이야! 견우직녀 놀던 은하수는 아직도 까막까치 날고 별똥별만 하나 둘 떨어지는 것을

눈을 감으면 그대, 삽문을 닫아걸고 깊은 동면이다. 잠벌레처럼 칠흑을 먹으며 쪼으며 석 잠, 넉 잠 자다보면 묵석에서 빛이 나오고 미망이 깨어서 참꽃으로 피어나는 것을

눈을 감으면 바람 한 점 없이 잔잔한 바다. 티끌도 풍랑도 음지도 재우고 수평선 너머로 금동의 미소 지으면 오대양도 육대주도 내 안에 있는 것을

사랑은 그렇게

주는 사랑은
그칠 줄을 모릅니다.
솟아나는 샘물처럼
아무리 주어도 주어도
송두리째 주어도
바닥나지 않습니다.

받는 사랑은
기울 줄을 모릅니다.
밤하늘 달빛처럼
아무리 받아도 받아도
송두리째 받아도
부족하기만 합니다.

사랑은 그렇게
그치지 않는 샘물입니다.
기울지 않는 달빛입니다.
그렇게 스민 情 하나로

빈곤도 풍요도 모르면서
하늘 끝까지 나갑니다.

내 그리움은

내 그리움은
건널 수 없는 강에서 깊어지고
햇빛 들지 않는 방에서 커집니다.

내 그리움은
가끔 가오리연이 되기도 합니다.
기우뚱 지우뚱 공중을 날아서
드들강을 건너갑니다.

내 그리움은
규방처자의 송학이 되기도 합니다.
한 뜸 한 뜸 자수를 놓다보면
구름 낀 천정에서 붉은 해도 솟아납니다.

내 그리움은
건널 수 없는 강에서 웃음이 되고
햇빛 들지 않는 방에서 화평이 됩니다.

새가 떠난 자리

새가 떠난 자리
새가 없는 자리

나도 없고
나뭇가지만 흔들립니다.

나도 없고
활시위만 마냥 떨어댑니다.

내가 없는 자리
떠난 새가 풍랑이었습니다.

여자

당신을 사랑하다 보니
당신이 멀어졌어요.
당신을 멀리하다 보니
당신이 날아 왔어요.
당신은 눈꺼풀 하나로 오고 갑니다.

폐경기

달이 떠난 육신은 깊이도 높이도 없다.
이젠 더 이상 여행을 떠나지 않는다.
길을 내던 곡괭이도 벌겋게 녹이 슬었고
오가던 홍살문도 굳게 닫혀 있다.

노천 광맥을 찾던 갱도마다
거미줄 친 칠흑의 7광구
납작 엎드려 칩거하던 사유의 꽃이
부실한 육신을 부정하고 경외했다.

먹구름 뒤덮인 보리밭 사잇길에서
변덕을 부리는 육신의 흔들림, 회한, 서러움
밤 내내 뒤척이는 아내의 침실을
기웃거리는 하현달의 여울이여.

그 여자

그 여자는 달이 생길 때마다
그녀의 동산에 하나 둘 나무를 심었다.
물레질 삭망을 주기로
새 달이 태어나고
하늘 가득히 달이 떠서
그녀의 동산 환하게 밝혔다.

달 하나에 새잎이 돋아나고
달 하나에 꽃이 피어나고
꽃가지마다 과실이 익어갔다.
세세년년 12진이 생겨나고
천간지기 육십갑자를 곱으로
보름 꽃게처럼 붉은 울음 우는 그녀의
동산, 빼곡히 나무숲 무성했지만

그녀의 문
너무 눈부셔서 이제는
조바심 내며 옥토끼를 쫓던 영혼도

백련화처럼 피어나던 육신도
조금씩 하현으로 기울기 시작했다.
조금씩 별 그림자 속으로 들어갔다.

오래 된 찬장

어머니, 살림살이
비망록처럼 포개진
오래 된 찬장이
이제는 다 찼는지
기물 새로 들여도
집어넣지 못한다.

시집 올 때
데려온 놋그릇이야
터줏대감 노릇하고
놉밥 내던 사기그릇이며
70년대 스텐그릇들도
고참이라고 행세깨나 하고

중앙시장 그릇점에서 들여온
양은그릇이며 프라스틱이며
자기류 대접이나 접시, 술잔까지
포개고 끼어 넣다 보니

새로 들여온
신참 그릇들은 문턱에서
밀침 당하는 생활이여

어머니 손때 묻은
북박이 찬장이
지나온 세월들 쉽게
지울 수는 없다고
신참들 고스란히 남겨 두고서
만원 버스처럼
옆으로 가고 있다.

화초가 시들은 이유

어머니
목우의 뜨락에서
삼사십 년 넘게 화초를 키웠더니
삼사십 년 묵은 화초들이
밑동 퉁거지고 잎싹 늘여서 저마다 일가를 이뤘지.

어머니
이 집 저 집 옮겨 다니며
물도 주고 벌레도 잡아주고 대화도 나누고
그렇게 삼사십 년 넘게 동락했더니
지들도 보답한답시고 형설의 꽃 곱게도 피웠지.

어머니
이제 팔순을 넘겨
무릎도 아프고 허리도 굽고 정신까지 흐려져서
물주고 벌레 잡는 일도 힘들어 하시고
얘기하는 것도 귀찮아하시고
심지어 이빨 빠지듯이 공치는 날도 있었는데

어느 날 어머니
병색 완연하게 뜨락에 나와서
삼사십 년 넘게 키운 화초들 돌아보면서
이젠 기운 없어서 이것들 돌보지 못한다고
넋두리 하시며 짠해 하셨더니 아뿔사
며칠 후 화초들이 다 시들어버렸지.

그릇정리

추석 밤, 안식구들이 찬장 정리하면서
못 쓸 그릇들 문밖에 내다 놓으니
어머니, 허리 굽히고 그것들 짠해 하신다.

멀쩡한 것 버린다고 애달아서
냉가슴으로 그것들 안아 들고
달빛 내린 수돗가에서 딸그락거리신다.

막사발 하나 깨져도 가슴 철렁하는
어머니 예전 심사이니
버려진 것들 아깝고 목숨 같아서
양푼이며 식기, 찬합, 대접 같은 것들
수세미로 묵은 때 벗기신다.

저렇게 목간 시키면
내 논 자식들 되살아나는 걸까
저렇게 박박 문지르면
새각시 시절 다시 오는 걸까
함지에 거품꽃 몽게몽게 피어난다.

바람꽃 2

바람은 어디로 부는 걸까 솔재, 살우치, 구황산 넘어서 바람과 함께 가다 보면 바람은 어느새 사라지고 봉래구곡 여린 배냇짓만 보이는구나 사랑은 어디로 가는 걸까 그것의 끝을 찾아서 사랑과 함께 가다 보면 사랑은 어느새 사라지고 재백이 고개 솔바람 소리만 들리는구나 바람은 꽃숨을 틔우는 허연 입김이었던가 바람 따라 피고지고 바람 따라 울고 웃는 개밥바라기 바람은 눈먼 조율사의 손처럼 숨겨진 혈맥을 찾아서 애증의 건반 두드리는 것일까 사랑은 퐂대를 세우는 아픔이었던가 바람으로 눈이 멀어서 바람으로 귀가 먹어서 머리 풀고 흙바닥을 기는 사랑 사랑은 저렇게 다리 떨면서 알몸으로 붉어지는 것일까

가거도

어머니!
아직 가거도는 보이지 않습니다.
거기 녹섬이 문지기처럼 기립하고 반기는 곳
회룡산 선녀봉이 목을 길게 빼고 기다리는 곳
가히 살만한 섬이라고 애비 에미들이 터를 잡고
국토 서남단 200해리 영해를 지키며 사는 곳
어머니!
이 가슴에 쌓았던 돌무더기 얼마나 버려야
갯돌소리 꿈결 같은 가거도에 닿을 수 있겠습니까?

어머니!
소중한 것이 가장 가까이 있는 줄을 몰랐습니다.
그냥 거친 파도와 술레질하던 애비 에미가 싫어서
풀대죽 쑤어먹던 초근목피가 싫어서
허풍선처럼 늘어나던 외로움, 이앓이가 싫어서
훌훌 떠나서 풍문처럼 살아왔습니다.
어머니! 그런데
이내 간절함, 그리움 같은 것들 얼마나 심어야

바다 깊숙한 가거도가 우뚝 솟아나겠습니까?

어머니!
카페리호를 타고 가거도로 향합니다.
흑산을 지나 먼바다에서 너울을 타고
나뭇잎처럼 흔들리고 멀미하면서
하늘로 솟구치고 물속으로 처박히고
표류하면서 산 높은 가거도로 향합니다.
어머니! 그런데
복중의 나 아닌 것들 얼마나 토해내면
연듯빛 해무 사이로 그림자 길게
후박나무 우거진 가거도가 드러나겠습니까?

어머니!
바람 불고 바닥 센 가거도에서도
아침이면 어김없이 먼동이 터옵니다.
소등 망향바위가 금빛으로 찬란하고
해뜰목에서 산새소리 요란하겠지요.

어머니! 그런데
아직도 가거도는 보이지 않습니다.
하지만 만선을 꿈꾸던 신기루 같은 것들
지우고 또 지우면
나에 살던 가거도가 먼동이 되어서
검은 수평선 사이로 떠오르지 않겠습니까?

어머니!

가오리연

나잇살 따라 가오리연의 꼬리도 길어졌다.
아비는 꼬리가 길어야 하늘의 별이 된다고
태어나서 이름 달고 인맥 쌓고 살림늘리듯
꼬리를 키우다 보면 그것이 든든한 뒷빽이 된다고 했다.
가오리연이 실물처럼 묵은 비늘을 털면서 날았다.
어깨죽지 날갯살을 파닥이며 불혹의 꼬리를 흔든다.

어릴 때 동네방네 내달으며 조막손으로 연을 날렸다.
그때 새끼 가오리가 돌아이 걸음마처럼 비틀거렸다.
어찌다 고만고만한 꼬리로 높바람을 타기도 했는데
공중을 빙빙 돌다가 논바닥에 처박히기 일쑤였다.
점차 나이가 들면서 자란 키만큼 꼬리도 길어졌다.
연을 띄우고 날리는 솜씨도 꼬릿살 늘어나듯 커졌다.
겨울이 깊어지면서 연줄이 끊어질듯 팽팽하다.
이런 때는 얼레를 풀어서 위기를 모면하기도 했다.
고리채 이자 갚아나가듯 연실이 다 풀리며는
성황당 아래까지 내려와서 재롱부리다가
급상승 기류를 타고 수직으로 오르기도 했다.

북동풍 센 바람에 마름모 중심축이 흔들렸다.
형설의 가오리가 지웃둥 공중돌기를 연발하면서
하늘 가득 반원을 그리며 성황당 숲으로 떨어졌다.
하늘의 별이 되는 지수指數는 꼬리의 길이가 아니었다.
외곬으로 목숨을 걸어대던 든든한 뒷빽도 아니었다.

풀무질 아비는 긴 꼬리를 땅에 끌면서 연을 띄웠다.
얼레질을 반복하다 보면 연이 공중 바람을 타게 된다.
드르르 연실을 풀어대면 하늘 밑으로 뒷걸음치다가도
들들들 감아대면 허릿살 휘면서 하늘로 치솟아 올랐다.
솔미양반의 반달연도 승천昇天 길에 나섰다.
반달연은 꼬리하나 없이도 하늘을 손쉽게 오른다고 했다.
반달 가슴에 방구멍을 내고
그것으로 된바람을 받아낸다는 것이다.
아비와 솔미양반이 적수敵手가 되어서 연싸움을 벌였다.
바람 먹은 반달이 직하방直下方 내려찍기로 들어오며는
아싸 가오리가 한 발짝 물러났다가 받아치며
연줄을 걸었다.

연줄이 서로 엇갈리고 육모얼레가 벌벌벌 감아졌다.
양 연이 치달려 오는데 갑자기 가오리가
허공으로 자빠진다.
아비 연이 솔미양반의 사기 뜸먹인 것을 못 당한 것이다.
대장 가오리가 긴 꼬리를 접으면서
하늘 저 편으로 추락한다.
아비는 지평선 너머로 떨어지는 영혼을 따라갔다.

겨울이 깊어지면서 연줄이 끊어질 듯 팽팽하다.
어릴 때 아비는 동구 밖 목장승처럼 키가 컸다.
연을 놀리는 재주도 넘볼 수 없는 하늘의 무지개였다.
그러나 불패의 가오리가 떨어지면서
아비에 대한 신화도 깨졌다.
내 꼬리가 길어지는 만큼 아비의 키는 점차 줄어들었다.
초벌 닥종이에 참대살을 붙여서 가오리연을 맹글었다.
무명 연실을 새로 나온 화학사化學絲로 갈아매고
천연감물 염색천을 오려서 신형 꼬리까지 붙였다.
한 자 가웃 가오리가 미동 하나 없이 하늘을 난다.

풍파風波 세기를 가늠하면서
내 높이에서 얼레를 풀었다.
아싸 가오리가 상승 바람을 타고서
월척처럼 연줄을 잡아당긴다.
겨루기 한판 싸움을 위해서 얼레를 다 풀지는 않았다.

야간 응급실에서

어머니 : (링겔 꽂은 손을 들어 보이며) 에미야, 바늘 좀 빼라. 아파 죽겄다.

며느리 : 조금만 참아요. 빨리 나으셔서 집에 가야지요.

어머니 : (퉁명스럽게) 나, 집에 안 갈란다. 너무 아프고 힘들다. 그냥 죽어버릴란다(갑자기 주사 바늘을 빼버린다).

며느리 : (깜짝 놀라면서) 아니, 바늘을 빼시면 어떻게 해요? 화장지 화장지…… 어디 있지? (화장지를 찾아서 어머니 손목을 누르면서) 조금만 참아요. 아니! 이렇게 눌러도 지혈이 안 되네(카운터로 고개를 돌리고 다급한 목소리로) 간호사님! 간호사!

간호사 : (어머니 손목을 잡고) 이런 환자는 처음이에요. 이번이 다섯번째요.

며느리 : 그래도 어쩝니까? 너무 아파서 그러시는데…

어머니 : (잡힌 손을 뿌리치면서) 나, 주사 안 맞을란다. 집에 갈란다.

간호사 : (속삭이듯이) 이걸 맞아야 빨리 나아요. 기운도 회복되시고….

어머니 : (간호사에게 눈을 흘기면서) 이런 것 맞는다고 내 병이 낫는데! 나는 죽을병이야. 그냥 죽어버릴란다.

간호사 : 그래도 살아야지요. 가족들이 얼마나 슬퍼하겠어요. 빨리 기운을 회복해서 맛있는 것도 드시고 여행도 가시고 성당도 가야지요. 이리 손을 줘 봐요. 어서요. 하나도 아프지 않게 할게요. 자요.

고개를 돌리고 손만 내민다.

간호사 : (주사를 놓고 그 자리에 테이프를 세 겹으로 단단하게 붙이면서) 이제는 잘 빠지지 않을 거예요. 어머님, 갑갑하더래도 견디셔야 해요. 알았지요?

어머니 : (간호사가 멀어지자 삿대질하며) 저년은 말로만 그래. 내 병이 어떤 병인디…

며느리 : 그래도 이젠 바늘만은 빼지 마세요.

어머니는 주사 바늘에다 눈을 주고 계속 바늘을 빼려고 한다. 며느리는 그런 어머니를 막는 것을 반복하면서 어머니 손목에서 눈을 떼지 않는다. 어머니 바늘 빼려는 것을 포기하고 드러눕는다.

어머니 : (한참을 멍하니 누웠다가 옆자리 간병인을 가리키

며) 참 무심도 하지. 아들은 저렇게 아파서 배를 감싸고 뒤척이는디 어미란 작자는 엎드려 저렇게 잠만 퍼자고 있네 그려.

며느리 : 그러니까요. 그래도 잠이란 놈이 웬수지요. 어디 사람 맘이야 저러고 싶겠어요.

어머니 : 그렇게 말이다. 에미년을 무참하게 만드는 저 잠이란 놈이 정말 무섭구나.

며느리 : (침상 밑에 깔개를 깔면서) 그렇군요. 잠이란 것은 누구도 내쫓지를 못하지요.

어머니 : 그런디 에미야, 너 밑에서 뭐 하냐?

며느리 : (어색하게 머리를 만지며) 저도 잠 좀 자려고요. 잠이 와서 죽겠어요. 어머니, 화장실에 가려면 부르세요

어머니 : 그래라. 잠이란 놈은 누구도 못 말리지. 어여 자거라.

며느리 : (하품 소리를 내면서) 네, 어머니. 저 잡니다.

며느리 자리에 눕자마자 가볍게 코를 골면서 잠이 든다. 그때 응급실 한 쪽에서 어린애의 자지러지는 소리가 난다.

어머니 : (귀를 쫑긋 세우며) 에미야, 애기가 운다. 우리

애기가 울어. 우리 애기가 배고프다고 울어. 에미야, 젖 좀 줘라 제발….

며느리는 잠에 빠져서 기척도 없다. 아니 알면서 모르는 척한다. 어머니는 계속 불러댄다. 옆자리 간병인이 못 견디고 깨어나서 며느리를 깨운다.

간병인 : 이보세요. 이보세요. 댁내 어머니께서 부르잖아요?

며느리 : (눈을 찌푸리며) 아, 바닥에서 등이 떨어지지 않아요. 기운이 하나도 없어요.

어머니 : 에미야, 에미야, 우리 애기 우니까 젖 좀 주란 말이다 잉? 애기가 울잖니. 안 들리니? 제발 젖 좀 줘라.

며느리 : (벌떡 일어나다가 침대에 머리를 찌으며) 아야! 어머니, 우리 애기는 없어요. 우리 애기들은 다 컸어요. 벌써 대학생이라구요.

어머니 : 그럼, 누구 애기냐? 그래도 에미를 찾아줘야지. 제발 애기 좀 울지 않게 혀라. 이러다가 머리 빠개지겄다.

며느리 : (하품을 늘어지게 하면서) 아마도 애기 엄마가 없

는 모양이에요. 우리 애기는 아니니까 그냥 주무세요. 저는 잠 좀 자야겠어요.

하면서 다시 자리에 눕는다. 얼마동안 계속해서 애기는 울어대고 어머니는 '에미야! 애기 젖 좀 주라.'는 말만 되풀이한다.

(암전)

간병인 : (혀를 끌끌 차면서 며느리를 깨운다.) 이보세요. 일어나세요. 아침이에요. 글쎄 댁내 어머니께서 애기 때문에 한숨도 자지 못했어요.

며느리 : (기지개를 켜면서) 아니, 그랬어요. 저는 잠 때문에 아무것도 몰랐어요.

간병인 : 저도 그랬어요. 그런데 새벽에 일어나니까 어머니가 계속 애기 젖 좀 주라고 입엣말을 하시잖아요.

며느리 : (어머니 손을 잡으면서) 어머니, 밤새 애기 때문에 주무시지 못했어요?

어머니 : 그래. 애기가 하도 불쌍해서 잠이 와야지. 아마

에미년이 죽은 모양이더라.

며느리 : 그러게요. 이젠 애기가 울지 않는군요.

어머니 : (천정을 보다가 화들짝 놀라면서) 에미야, 에미야, 저기 좀 봐라. 이상하구나. 배가 지나가는구나. 저곳이 하늘나라 세상이구나.

며느리 : (따라서 천정을 보면서) 어디요? 아니, 저는 아무것도 보이지 않는데요.

어머니 : 아니, 안 보인다고? 나는 저렇게 잘 보이는디… 에미야, 저기 저것 안 보여?

며느리 : 네, 암 것도 없어요.

어머니 : 그래? 이상하구나. (고개를 떨구고 바닥을 보다가 또다시 화들짝 놀라면서) 에미야, 저기는 풀밭이구나. 아이들이 풀밭에서 놀고 있구나. 뛰어다니고 고무줄놀이도 하고 머리핀치기도 하고 술래놀이도 하고…

며느리 : (고개를 갸웃거리면서) 아니요, 저는 암것도 안 보이는데요.

어머니 : 아니, 안 보인다고? 저기 어른들도 안 보이냐? 저렇게 둘러앉아서 고기도 굽고 노래도 부르고 술도 치잖아?

며느리 : 아니요, 저는 암것도 안 보여요.

어머니 : (고개를 갸웃거리면서) 그것 참 이상하구나. 나는 잘 보이는디 너는 왜 안 보일까?

며느리 : 어머니! 딴 세상을 보시는 거 아녀요? 그런데 저도요 그런 세상 보고 싶어요. 배도 타 보고 싶구요. 풀밭을 뛰어 다니고 싶어요. 그러면 이렇게 피비린내 나고 아수라장인 응급실에는 오지 않을 건데요.

어머니 : 그러게 말이다. 너하고 나하고 돛배를 타고 하늘로 가자구나.

며느리 : 그래요. 저도요 어머니하고 풀밭을 거닐고 싶어요.

어머니 : 그런디 이상하구나. 나는 저렇게 잘 보이는디 너는 왜 안 보일까?

에필로그
청호댁

청호댁

친정이 '청호리' 라고 해서 붙여진 댁호
부르는 소리가 달작지근한
청호댁, 본래 이름은 잊혀지고
최씨 家의 최시리 되어서
부뚜막 물항처럼 심중만 퍼주면서
시부모 모시고 지아비 섬기고 자식 키우면서
황촛불 다 닳도록 공복으로 살아온
청호댁,
댕기머리 큰애기 혼담 오갈 때에
시집 안 간다고 도망 다니다가
친정어머니께 머리채 잡히고
꾸지람 톡톡히 듣고서야
등 떠밀리듯이 시집와서는
맵디매운 시집살이 견뎌야 했던
청호댁,
호랑이 시아버지 때문에 오금이 저렸고
시어머니 잔소리에 속이 저렸고
대가족 밥해대랴, 빨래하랴, 소지하랴
낮에는 논밭에서

밤에는 베틀에 앉아서
눈코 뜰 새 없이 지냈는데
지아비까지 군대 가서
붙일 곳도 기댈 곳도 없이
하루를 일 년 같이 살았다는
청호댁,
땡볕 아래 만삭으로 콩밭 매다가
해산 끼에 부랴부랴 새방에 들어
짚풀 깔아놓고 첫애기 낳았는데
청호댁,
그게 길한 태몽이었다고
친정아버지 쇠풍경 주면서 도장을 콱 찍었는데
그게 아들 낳는 꿈이었다고
이젠 정 붙일 곳 생겼는데
젖줄이 터지지 않아서
젖통이 잘못되었다고 구박 받고
다 죽어가는 애기 업고
친정으로 쫓겨 가서
친정어머니 등살에 족발 다려 먹고

젖샘 열려서 한시름 놓았다던
청호댁,
시집살이 삼 년 만에 분가하여
논 닷 마지기에 밭 한 뙈기
놋쇠밥그릇 세 벌, 수저 세 벌
받아 들고 초가삼간 들었어도
어찌나 홀가분했던지 날아갈 듯 기뻤다며
살림살이 늘리는 재미로
계집애들 단발머리 해주고 품삯도 받고
모내기, 벼 베기 작업반도 나가고
악착같이 농사지어서
명당자리라는 함석집 사서 이사 들고
전답도 늘릴 만큼 늘렸다던
청호댁,
다홍치마 시절, 당봉리 새각시들
아침마다 사립짝에서 청호댁 불러대던 소리
품앗이 하자고 장 구경 가자고 돌떡 돌린다고
그 아득한 봄바람이 새벽잠을 깨웠지.
새각시들 모여서 송학도 놓고 수다도 떨고

장구도 치고 춤도 추고 요리강습도 받고
방물장수 물건도 구경하면서
'청호댁! 이거 어때?' 하며
자글자글 웃던 동동구루무 향내에 취해서
빨간 고리뗑바지 사달라고 옷 탐도 부렸지.
어쩌다가 동무들이 청호댁 보고
내 누님 같다고 추어올릴 때는
어깨 으쓱거리며 색시마냥 불러 보았던
청호댁,
학력이라고는
소학교 2학년 중단하고
혼자서 국문 깨쳐서
자식들 '가나다라' 가르쳤고
동화책도 띄엄띄엄 읽어 주셨던
청호댁,
낡은 수첩에는
굵직굵직한 글씨들이 삐툴거렸는데
일가친척 전화번호도 적혀 있고
유행가사도 빼곡히 적혀 있었지.

이미자의 '동백아가씨' 며 최희준의 '고향무정' 도 있고
김수희의 '남행 열차' 며
송대관의 '사랑해서 미안해' 도 있고
태진아의 '사랑은 장난이 아니야' 등 최신곡도 있었는데
틈만 나면 그 수첩 보면서 옛날노래 드높이 부르던
청호댁,
자식들 학교 다닐 때는
공부 잘하라고 아프지 마라고
불공드린다고 미륵굴도 가고 석굴도 가고
초파일이면 연등도 밝히셨지.
나이 육십 넘어서는 개종하여
넷째 동서 따라 성당에 나가면서
십자가도 안방 벽면에 걸어두고
성모 마리아상도 모셔두었지.
옛날 정안수 떠놓고 치성 드리듯이
법당에서 두 손 모아 합장하듯이
새벽마다 몸단장하고
자식들 하나하나 호명하면서
바란 대로 뿌린 대로 거두게 해달라고

천주님께 수없이 되뇌시던
청호댁,
새마을운동 한창일 때
당봉리 부녀회장 맡아서
지붕 개량한다고 마을길 넓힌다고
슬레이트도 실어오고 땅도 희사 받았지.
보건소 사람 모셔다가 둘만 낳기 운동도 벌이고
협동조합도 뻭작지근하게 열었던
청호댁,
민주주의가 무언지는 모르지만
귤나무 심으면 탱자 되니까
한국적 민주주의 해야 한다며
집집마다 유신헌법 홍보지도 돌리고
통대 선거운동도 적극 도와서
군수님 표창도 받았던 청호댁,
광주 5 · 18 겪고 나서는
야당 후보 찍어야 한다고
일가친척 국회의원 후보 밀다가
그러면 자식에게 피해가 간다는

누군가의 귀띔에 몸져눕기까지 했던
청호댁,
군입대 하는 아들놈에게
밥 굶지 말고 몸 성히 다녀오라고
'비 내리는 고모령' 부르다가 눈물 쏟던
청호댁, 그래도 눈에 밟힌다고
이튿날 전주 집결지까지 따라와서
얼굴 가리고 눈물 훔치던 청호댁,
눈물이 하도 많아서
친정 식구들 그립다고 눈물 흘리고
아픈 자식 가엾다고 눈물 흘리고
집 나서는 자식 고생한다고 눈물 흘리고
연속극을 보다가도 코를 팽팽 풀어대시던
청호댁,
자식들 모두 결혼시키고는
한갓져서 좋다고 하면서도
이 집 저 집 김치 담가 나르랴 집안 청소하랴 손주 보아주랴
인생살이 분주하기만 했던 청호댁,
명절 때마다 이바지 지어 보낸다고

송편이며 백설기며 약과며 깨강정이며
떡갈비도 넉넉히 재어놓고
이제냐 저제냐 자식들 기다리던
청호댁,
전교조 파동 때는
불섶으로 뛰어드는 아들 보고
정권 이겨 먹는 놈 못 봤다며
인공 때도 똑똑한 사람 다 죽어났다며
소나기 올 때는 피하는 게 상수라며
내 손목 잡아 앉히셨던 청호댁,
조국이니 자유니 경제니 이런 건 모르지만
오로지 자식들만을 위하면서
없는 걱정도 사서 하시던 청호댁,
좋은 일도 나쁘게 될까봐 걱정하시고
나쁜 일도 좋게 되지 않을까봐 걱정하시고
날이 날마다 차 조심, 불 조심하라고
사람 조심하라고
전화통 붙잡고 자식들 집집이 신호 보내는
청호댁,

팔순이 다 되어서는
눈이 침침하다고 수족이 굳었다고
어서 죽어야 한다고 입엣말 하면서도
이웃들이 찾아와서 마실 나가자면
만사 제치고 따라 나서던 청호댁,
산으로 들로 갯가로 나가서
채집하는 것이 몸에 배였는지
고사리도 취나물 나문재도 꺾어 오시고
고구마도 생강도 바지락도 캐어 오시던
청호댁,
김장철마다
자식들 몫까지 김장한다고
손 크게 배추 이삼백 포기 받아 놓고
일 욕심 부리다가 뻔히 몸살 나시던
청호댁,
자식들이 부엌일 그만 두시라고 해도
두 손 내저으며 뜨신 밥 내고 찌개 나르면서
맛난 반찬은 접시째 들어서
이것 들으라고 요것 먹으라고

옮기는 일이 버릇이 되어버린
청호댁,
당신일랑 조금도 돌보지 않고
당신일랑 조금도 뒤돌아보지 않고
오직 자식들만을 위하여
장성한 자식도 물가의 애처럼 보이는지
앉으나 서나 애가 타서 간도 쓸개도 다 빼주고
이젠 허물만 남아서 헛것이 되어서
동천을 날아가는 팔랑나비처럼
청호댁,
잘룩거리며 살아온 길 되돌아가는가?

■ 발문

내 안의 어머니를 살다

— 최기종 시인의 신작시집을 읽고

황재학
(시인)

봄입니다.

봄은 언제나 우리들의 뜻대로 오지 않습니다.

어느 때는 언제 왔는지 모르게 와 있는가 하면 어느 때에는 심술이 났나 온 건지 안 온 건지 헷갈리게 하기도 하고 그런가 하면 또 어느 때는 아주 더디게 와서 살짝 얼굴만 내밀기도 합니다. 하여간 봄은 사람들의 마음을 싱숭생숭하게 만들어 놓고 언제 그랬냐는 듯이 훌쩍 우리 곁을 떠나가 버립니다. 그래서 봄이 가면 우리들 가슴에는 아쉬움만 남나봅니다. 피었는가 하면 어느새 떨어져 버리는 꽃잎을 보며 지나간 시간들을 돌아보지만 한번 흘러간 시간은 다시는 돌아오지 않습니다. 그래서 꽃 피는 봄에는 눈물이 납니다. 저 황홀했던 시간들을 가없이 흘려보내야 한다는 사실이 우리를 아프게 합니다.

어머니 산소에서 늦은 봄을 보았다.
바위 그늘 깊숙이 들어 있다가
이제야 기지개를 켜고 있는 봄
쌍떡잎 아이가 걸어갈 채비를 한다.
다른 봄들은 이미 저만큼 가고 있는데
이제야 껍질을 깨고 나온 어머니
늦은 봄이 새 길을 나서고 있었다.

—「늦은 봄」 전문

내가 최기종 시인을 만난 것은 올해 초였습니다. 선배의 출판기념회 자리에서였는데 우연히 옆자리에 앉게 되었습니다. 한 마디로 몸집은 실하고 생김새도 멀끔한데 따라준 술잔을 한참 동안이나 바라보기만 하는 그가 조금은 거시기 했었습니다. 그래도 자리가 자리인 만큼 어색한 분위기를 피하기 위해서 서로 이야기를 섞으며 술잔을 주고받고 하다 보니 서먹서먹하던 마음도 가시고 경계하던 감정도 좀 누그러졌습니다. 그러다가 홍이 나서는 '어, 자네, 나랑 갑이고 하니 친구하세.' 하니까 대번에 '그러세' 하고 달라 드는 폼으로 술부터 권하는 것이었습니다. 나야 감지덕지해서 주는 술잔 마다 않고 연신 뒤집었습니다.

술기운으로 한 번 말을 트니 다음부터는 우리 관계가 거칠 것이 없었습니다. 둘 사이의 인연을 이리 꿰고 저리 꿰어 맞춰보니 한참 때는 학교에서 쫓겨나고, 첫 시집은 거의 오십 줄 다 되어서야 낼 정도로 무능력한 것이 어찌 보면 보짱뿐만 아니라 똥창까지 딱 들어맞는 것 같아 괜히 오금이 저려왔습니다. 게다가 가슴속에 아직도 꺼지지 않는 불씨 하나까지 묻어두고 있었으니 '아따, 이 친구 왜 이리도 느지막하게 만났능가?' 하는 생각이 들기도 했습니다.

그러던 어느 날 뜬금없이 전화로 신작시 묶음이라며 보낸다고 이메일 주소를 물어왔습니다. 이렇게 덜커덩 최 시인의 시를 읽게 되었습니다. 그런데 그냥 읽고 넘어갈 것이 아니었습니다. 소재가 대부분 '어머니' 였는데 어쩜 요렇게 어머님에 대한 소소한 사연까지 가슴에 한 구석에 담아 두었다가 징하게 풀어놓는가 하는 생각이 들어서 눈가가 뜨거워졌습니다. 그냥 말 수 없어서 전화로 못하는 감상이나마 지껄여 주었습니다.

그러던 어느 날 또 뜬금없이 전화가 왔습니다. 보내준 원고로 시집을 내게 되었다며 감상 글이라도 하나 써 달라는 것이었습니다. 그것도 하루 이틀 내로 급행으로 보내라는 것이었습니다. 하도 어처구니없는 사이가 되어 있어서 정에 취해서 '그러마' 하고 응답은 했으나 이게 보통 문제가 아니었습니다. 시간도 시간이거니와 내 능력으로 감상 글이 도깨비 방망이 두드리듯이 그냥 나오는 것이 아니기 때문입니다. 하지만 버스는 지나갔고 허허롭게 신작시 묶음을 꼼꼼히 읽어야 했습니다.

그 문을 열면
하얗게 분내 풍기는 그리움으로
어머니 와락 달려오신다.
어서 일어나라고
밥 먹으라고
그 아련한 소리가
내 아침을 깨운다.

그 문을 열면
연산호 촉수처럼 부드럽게
언 몸 녹여 주던 따뜻함으로
안아주고 어르고 달래주던 어머니
그 젖무덤이 내 얼굴을 짓누른다.

그 문을 열면

걱정거리 이고 지고

살얼음 걷던 어머니

아픈 아이 들쳐 업고

병원 십리 길을 달음박질친다.

그 문을 열면

미역귀 입에 물려주고

살코기 씹어 주던 어머니

가슴에도 겨드랑이에도 목울대에도

이목구비 어디에도 그 문은 있었지만

살아생전 그 문은 많았지만

이제 하나 남은

그 문을 열면

깊숙이 들어가면

다리 뻗고 누울 자리도 생기고

돌아갈 집도 생기는

그 문을 열면

방물장수 아줌마가 보따리 풀고

당촌리 새각시들 함박웃음 짓는다.

— 「그 문을 열면」 전문

이 봄에 최기종 시인의 시집 『어머니 나라』는 범상치 않았습니다. 70여 편 대부분이 오롯이 어머님에게 바쳐진 눈물겨운 시였습니다. 이제는 세상을 떠나 그 모습조차 볼 수 없는 어머님, 그 음성조차 들을 수 없는 어머님을 그리워하고 기리는 마음이 잘 녹아 있었습니다.

비록 어머님은 세상을 떠나셨지만 시인의 기억 속에 고스란히 살아남아서 오늘을 살고 있었습니다. 이러한 점에서 기억은 시인이 어머니와 만날 수 있는 유일한 통로였습니다.

여기서 한 가지 짚고 넘어가야 할 것은 기억이 단순히 과거를 떠올리고 회상하는데 있지 않다는 것입니다. 기억이란 과거의 일을 떠올려 현재의 삶을 재구성하고 지금의 삶을 가치 있게 만드는 것입니다. 최 시인의 시는 단순히 자식을 위해서 온갖 궂은일을 마다하지 않고 헌신해 오신 어머님을 떠올리며 그를 추모하고 기리기 위한 시가 아니었습니다. 그것은 돌아가신 어머님을 통해 최 시인의 삶을 되돌아보고 보람되게 살아가려는 시인의 몸부림이었으며 최 시인 자신이 바로 어머님으로 되사는 것이었습니다.

최 시인은 어머님의 구체적인 삶을 바탕으로 해서 새로운 세상을 꿈꾸는 이상가였으며 탐험가였습니다. 그는 어머님의 삶과 자신의 삶을 겹쳐놓음으로써 새로운 의미를 찾아냈고 지금까지 경험하지 못했던 새로운 인식의 지평을 넓혔던 것입니다. 어머님을 기억하고 떠올리면서 자신을 성찰하고 자신을 곧추 세우는 궁리를 하였던 것입니다. 자식 된 자로서의 정체성을 시의 밭에 풀어 놓고서 시인 자신이 어머님이 되기도 하고 아들이 되기도 하면서 그 풀밭에서 상실의 아픔을 되새김질했던 것입니다.

부모가 죽으면 산에 묻고
자식이 죽으면 가슴에 묻는다지만
우리 어머니 이 가슴에 사신다.
길을 가다가도
밥을 먹다가도
불쑥 튀어 나오는 어머니
차조심하라고 불조심하라고
찬찬히 꼭꼭 씹어 먹으라고
몇 번이고 신신당부하는 어머니
우리 어머니 이 가슴에 살아 계신다.
배 아파서 낳아 주시고 길러 주시고
이제는 목숨까지 내주신 어머니
당신의 몸이란 몸 다 주고서야
당신의 마음이란 마음 다 주고서야
허풍선이 허물 한 장으로 가신 어머니

우리 어머니 이 가슴에 살아 계신다.
있는 것 없는 것 다 주어서
당신은 내가 되었고
나는 당신이 되었으니
내가 당신이고 당신이 나이고
봄이 되면 복사꽃 피어나듯이
해마다 해당화로 피어난다고
우리 어머니 이 가슴에서 재롱부린다.

—「어머니 생각」

물론 시인에게는 돌아가신 어머님보다 지금을 사는 '나' 가 더 중요했습니다. 왜냐하면 지금의 '나' 가 어떻게 사느냐에 따라 돌아가신 어머님의 삶도 재조명되기 때문입니다. 또한 지금의 '나' 가 어떻게 사느냐에 따라 시인의 미래도 결정되기 때문입니다. 이러한 점에 본다면 최 시인은 '내 안의 어머니를 내가 산다.' 라는 자각으로 시의 밭을 갈았던 것입니다. 그러므로 해서 최 시인의 삶의 지평은 이승과 저승을 넘나들면서 죽음까지도 한 세상으로 보면서 삶의 의미를 바꾸려고 했던 것입니다.

우리 모두는 누구를 위해 사는 것이 아닙니다. 단지 나를 사는 것입니다. 왜냐하면 이미 내 안에는 무수한 '너' 가 살아가고 있기 때문입니다. '나' 를 사는 것은 내 안에 들어와 있는 우주를 살아내는 것입니다. 이러한 새로운 인식이 최 시인으로 하여금 어머님을 부르짖게 했던 것입니다. 이러한 감격이 넘쳐서 그로 하여금 시를 쓰게 하는 것입니다.

어머니
밥상 차려 놓고
밥 먹어라
잠자는 아들의 이불 들치면서
밥 먹어라
머실 나간 아들
밥 먹인다고 고무신 질질 끌고서
팽나무거리고 동고티고 큰메고 구슬아짐 댁이고
아그들 노는 소리 따라와서는
밥 먹어라
놀이에 팔린 아들의 뒷덜미 끌고서라도
기어이 밥을 먹였지.
밥이 보약이고 기쁨이라고
하루 세 끼 밥 챙겨 주었지.

밥 먹어라
어머니가 가장 많이 했던 말

하루의 시작이요 끝이었던 말
그 옛날 어머니 동구에서
밥 먹으라고
애가 타게 아들 부르던 소리
그 노랫소리 따라 가는데 문득
여보, 밥 잡수시오.
아내가 등 뒤에서 붙잡는다.

—「밥 먹어라」 전문

최 시인이 돌아가신 어머니를 그리워하는 시 중의 하나입니다. 어느 날 아내가 남편에게 '밥 잡수시오' 하는 말에서 어머니의 '밥 먹어라' 를 떠올린 것입니다. 밥상을 차려 놓고 놀러 나간 아들을 찾는다며 '팽나무거리고 동고티고 큰메고 구슬아짐댁이고' 찾아와 '밥먹으라고 애타게 아들을 부르는' 어머니의 목소리를 들은 것은 바로 시인이 '내 안의 어머니를 산다' 는 것에 다름 아닙니다. 내 안의 어머니를 내가 산다는 것은 이제 어머니를 사는 것을 넘어서서 세상의 모두로 산다는 뜻입니다. 우리가 세상에 있게 한 존재는 어머니입니다.

만약에 어머니가 없었다면 우리는 존재할 수 없는 것입니다. 우리가 어머니에 대한 기억을 더듬는 것은 오늘을 사는 나를 성찰하면서 새로운 어머니를 찾아나서는 것입니다. 그 어머니는 우리의 가슴속에 꿈으로 박혀 있을 수도 있고 우주만상에 깃들어 있을 수도 있습니다. 현재에서 과거를 보면서 미래를 꿈꾸는 것입니다. 최 시인은 어머니로 사는 것도 아니요, 최 시인으로 사는 것도 아닙니다. 세상의 모두로 사는 것입니다. 이렇게 가슴속에 사는 어머님을 우리 모두에게 돌려드릴 때 어머님은 새로운 세상에서 다시 태어나는 것입니다.

병상에서 어머니
새로 태어나고 계셨다.
동쪽으로 머리를 두시고
쪽머리 곱게 단장하시고
껍질에서 깨어나려고
참꽃 되려고 몸살하고 계셨다.

꽃잎 지는 오후였다.
아직도 창문 너머
봄꿈이 푸르른데
어머니는 이제
탄생의 환희를 염려하는지
호흡이 가파라지면서
지독한 산고를 견디고 계셨다.

아브라함이 이삭을 낳고
이삭이 야곱을 낳고
야곱이 유다를 낳고
연줄이 연줄을 낳고
이제 어머니는
푸른 하늘을 보면서
당신의 당신을 낳고 계셨다.

물거품처럼 어머니가
새로 태어나고 계셨다.
눈에 밟히며 꾸르륵거리는
소화불량처럼
뱃속에서 도무지 나오지 않는
당신의 당신이
아주 천천히 연줄을 끊어내고 계셨다.

—「임종」 전문

이제 어머님은 '지독한 산고'를 겪으며 새로운 세상으로 가고 있습니다. 나의 어머님으로만 머물러 있다면 새로운 세상에 갈 수 없습니다. 나를 있게 한 어머님을 내 안에서 놓아드릴 때 모든 사람이 나의 어머니로 보이는 놀라운 일이 일어납니다. 최 시인의 시집 『어머니 나라』가이 세상의 어머니들이 죽지 않고 영원히 산다는 것을 세상의 모든 아들딸들에게 보여주고 또 그렇게 살기를 바라면서 대표 시 한편을 인용합니다.

어머니 그 나라로 가십니다. 옥색 치마저고리 차려입고 소반재를 넘어 가십니다. 일 년 사시장철 새 울고 꽃 좋고 여름 하는 곳 감탕나무 자라고 황금원숭이도 뛰어 놀겠지요. 세상의 어머니들 거기서 눈도 귀도 밝아지고 무릎병도 없어지고 센머리도 검어지겠지요. 그래서 세상의 어머니들 있는 것 없는 것 다 내어주고 허물만 남아서 가십니까 있는 것 없는 것 다 버려서 깃털처럼 가볍게 가십니까

어머니 그 나라로 가십니다. 극락강 꽃배 타시고 어이 가라고 손짓하면서 가십니다. 초록바다에 연산호 피어나고 자리돔 유영하는 곳 고깃배 만선으로 드나들고 노랑부리새도 날겠지요. 세상의 어머니들 거기서 아픔도 슬픔도 씻어지고 산해진미 드시면서 춤도 추시겠지요. 거기서 어머니들 마음 편히 쉬시다가 가슴에 맺힌 얼얼 모두 풀리면 이 세상으로 다시 오시는 겁니까 순풍에 돛 달고 세상의 아들들 보려고 바로 오십니까

어머니는 그 나라로 가셨습니다. 이역만리 머나먼 길 비바람 되어서 차마 그치지 못하고 가셨습니다. 어머니 간도 쓸개도 목숨까지 내어주고 연기처럼 가셨습니다. 이 아들이 얼마나 벅찼으면 뒤도 돌아보지 않고 훨훨 날아 가셨습니까? 이 아들이 얼마나 짠했으면 몸 만들고 마음 만들어서 다시 오신다고 합니까? 눈을 감고 백 번이고 천 번이고 당신을 부르면 어머니 버선발로 곱게도 나오십니다. 어머니는 지금 그 먼나라에 계십니다.

—「어머니 나라」 전문

■황재학 시인

1956년 경기도 안성에서 태어나 1984년 『삶의 문학』 동인지로 등단했다. 1985년 이른바 〈민중교육〉 지 사건으로 교사직에서 강제해직되기도 했다. 2002년 첫 시집 『당신의 물가에서』(문경출판사)를 간행했다. 현재 금암중학교에서 아이들을 가르치고 있다.